Ordonance Et Moderation Du Roy Nostre Sire, Sur Le Cours Et Mise Des Deniers D'Or Et D'Argent

Anonymous

In the interest of creating a more extensive selection of rare historical book reprints, we have chosen to reproduce this title even though it may possibly have occasional imperfections such as missing and blurred pages, missing text, poor pictures, markings, dark backgrounds and other reproduction issues beyond our control. Because this work is culturally important, we have made it available as a part of our commitment to protecting, preserving and promoting the world's literature. Thank you for your understanding.

ORDONANCE

& Moderation du Roy noſtre Sire,
ſur le cours & miſe des deniers d'or & d'argent,
auſquels ledict Seigneur ha donné cours en ſes
païs de pardeça: & le pris comme on les poura preſenter, receuoir & allouër, depuis la S.
Martin onzieme de Nouembre xv^c lix. Iuſques
au premier de May xv^c lx. Enſéble de pluſieurs
autres choſes cōcernans le faict de la monnoye.
Donné á Bruxelles, le vingt & quatrieme
jour d'Octobre, l'an M. D. LIX.

A GAND,

Deuant l'Hoſtel de la Ville, à l'Enſeigne
du temps-incertain.
Par Henry van den Keere, Imprimeur
juré de la Monnoye du Roy
noſtre Sire.

COPIE.
DE PAR LE ROY.

NOTRE
Gouuerneʳ de
Lille, Douay &
Orchies, ou ſes
Lieutenãts eſdʳ
Lieux, ſalut.
Cõbien que
au commence-
mét de la guer-
re derniere, &
ſucceſsiuement
durant icelle, feu de treſhaulte memoire, L'Empereur Charles le quint, Monſeigneur & Pere
(qui Dieu abſoille) deſirant pourueoir au grand
deſordre eſtât au faiɔ̃ des mõnoyes en ces pays
de pardeça, à cauſe de l'exceſsiue rehaulce des
pieches d'or & d'argent, contre la precedente
Permiſsion, ait faiɔ̃ publier pluſieurs & diuers
Placcarts ſur le pris & cours deſdiɔ̃tes mõnoyes
en iceulx pais. Et que auſsy depuis, nous ayõs

A ij pax

par aultres noz lettres de Placcart, faict estroictes Ordonnances & deffences de non recepuoir ou allouer aucunes nouuelles monnoyes, non eualuees ou admises par la Moderatiõ cy deuãt faicte par sa Majesté Imperiale sur ledict pris & cours des monnoyes, ou des continuations sur ce ensuyuies. Et signamment celles forgees par le maistre de la Monnoye de Nymeghen, ou celles forgees par les trois villes d'Oueryssel, Deueter, Campen & Zwol, le Comte de Berghe, Seigneurs de Battenbourg, Daelbrouck & de Reckem: ou celles forgees par le Seigneˢ de Grosfelt, & L'Abbesse de Thorren. Ce neantmoins nous sommes deuëment informez, que sans y auoir regard, non seulement icelles Ordonnances ne sont ensuyuies, mais que pis est, plusieurs pieches d'or & d'argent sont de plus en plus haulchees, & se rehaulchent encores journelement, fort differammẽt, en nosditz, pays de p̃ deça. Sy comme les Reaulx d'or, en aulcuns d'iceulx pays, à trois Florins dix & onze solz & en aultres à douse & treyse solz, & aultres pieches à l'aduenant. A l'occasion dequoy la blanche monnoye (mesmes celle dont pour le quotidian commerce lon a plus à faire) se cache: auec tresgrand' discomodité & dõmage de la Commune.

Et d'auantage, diuers marchans & aultres,
tant

tant de subiectz que estrangiers, s'auanchent journellement d'achetter, fondre & ronger les deniers de nostre cting & forge: les transportât & reuendant és Monnoyes susdictes, la ou s'en forgent Daellers & aultre monoye contrefaicte à celle d'aultres Potentatz. Mesmement Angelotz aussy ressemblants à ceulx d'Angleterre, & Ducatz representans la figure de ceulx de Hongrie. Ensemble pieches d'argent semblables à nostre demy Real (qu'on nomme vulgairemét Philippus Daeller.) Lesquelles pieches & Daellers s'enuoyét en nostre pays, en grande quátité. De sorte que pour le grand prouffit qu'ilz en fót lesdictes monnoyes se multiplient. Et ceulx qui n'en souloyent forger, s'auanchent de le faire. Le tout au grand contempt & mespris de nosdictes Ordonnances, & euident dommaige de nosdictz subjectz.

Oultre aussy, aulcuns Princes de L'Empire se seroyent (comme auons entendu) rendu plaintifz en la derniere diète à Augsburg, contre lesdictz Monnoyeurs, d'aultât qu'ilz le font soubz couleur des Regales & Priuileges, que lesdictz Monnoyeurs disent auoir de L'Empire: sans toutesfois aulcunement garder & suyure le pied des Ordonnances d'icelluy, ne se conformer auec les nostres: ains, comme dict est, contrefót celles des aultres Princes & Potentatz, ausque-

A iij   les

les ilz ne respondent nullement, ny en bonté
intrinsecque, ny en alloy, ny en poidz. Admo-
dians leursdictes Monnoyes à aulcuns Marchás
qui po' leur propre & particulier gaing, en frau-
dent & deçoiuent tant exhorbitamment la cō-
mune. Surquoy l'Empereur moderne, mon-
seigneur & Oncle, auroit à son Fiscal en la Chá-
bre Imperiale ordōné de proceder à l'encōtre
d'eulx: & enoultre, par certaine nouuelle Ordonnance, faicte par sa Majesté Imperiale, auec
aduis des Estatz dudict Empire, plusieurs
sortes de Daellers ont esté entieremēt deffenduz
& ordōné que de ceulx qui sont esté forgez dés
l'an Cinquante & un, se doibt faire assay, pour
apres aussy desfédre ceulx qu'ilz ne trouueront
de deue valeur & bonté. Par ou faict à craindre,
que si de par nous n'y estoit pourueu en temps
en nosdictz pays de pardeça, iceulx Dalers (&
mesmes les pires) se trāsporteroyent pardeça &
notre bōne mōnoye se retireroit en aultres pais.

Pource est il, que nous ce consideré, desi-
rans semblablement pouruoir à l'indemnité de
nosdictz subjectz, & obuier à l'exorbitante lesiō
d'iceulx, auons à grāde & meure deliberation de
Cōseil, par l'aduis de notre treschere & tresaimée
Seur, la Ducesse de Parme & de Plaisance, pour
nous Regente & Gouuernante en noz pais de
pardeça: & de noz amez & feaulx les chef &
gens

gens de noz Consaulx d'Eſtaz & des Finances
eſtants lez elle, ordonné et ſtatué, ordonnons &
ſtatuons pour edict par ceſtes, que par forme de
Prouiſion & Tollerance, tant ſeulement les deniers d'or & d'argent cy deſſoubz denommez,
ſe pouroi receuoir & allouer en noſdictz pays
de pardeça, au pris cy apres declaré. Et ce dés
le jour ſainct Martin onzieme du mois de Nouembre prochain, juſques au premier jour de
May enſuyuant. Veuillant & ordonnant desmaintenant pour lhors, que apres l'expiration
dudict terme, la permiſſion faicte par feu l'Empereur mondict Seigneur & Pere, en l'an xv^c.
quarantehuyt, ſoit eſtroictement obſeruée &
entretenue en tous ſes poinctz & articles.

¶ PREMIERS, Les doubles Ducatz s'alloueront
d'oreſenauant (durant ledict temps) au pris de qua-
tre libures dix ſolz.
Le Real d'or de quarāte ſix au marq, à ſoixāte dix ſolz
Le demy Real d'or, à trente & cinq ſolz.
Le Philippus Daeller, à trente & cinq ſolz.
Le Florin Carolus d'or & d'argent, à vingt deux ſolz
L'Eſcu d'or de noſtre forge, à quarante & vn ſolz.
L'Eſcu de France au Soleil, à quarante & vn ſolz.
L'Eſcu de France à la Couronne, à quarante ſolz.
L'Eſcu de Portugal à courte croix, à quarāte deux ſolz
L'Eſcu de Portugal à longue croix, à quarāte deux ſolz

A iiij   L'eſ-

L'Escu d'Espaigne, à quarante solz.
L'Escu d'Italie, Rome, Venise & Lombardie, à quarante solz.
Le Schuytkin, à quarante & un solz.
Le Thoison d'or, à cinquante & quatre solz.
Le grand Real d'Austrice, à dix libures.
Le Noble à la Rose, à cinq libures.
Le Noble Henricus, à quatre libures huict solz.
Le Noble de Flandres, à quatre libures quatre solz.
Les demys & quartz, à l'aduenant.
Les vieulx Angelotz d'Angleterre, à trois libures six solz.
Les Angelotz auec un o. sur la nef, à trois libures trois solz.
Le Lyon d'or, à cinquante solz.
Le Rider d'or, à quarante cinq solz.
Les Ducatz d'Hongrie, d'Espaigne & Portugal, à quarante & cinq solz.
Les Ducatz d'Italie & le Salut, à quarante & quatre solz.
Les Florins à la croix sainct Andrieu & le Guillelmus, à trente & trois solz.
Le Florin d'Allemaigne, à trente & deux solz.
Le Philippus d'or, à vingt sept solz.
Le Fredericus & Florin de Bauiere à vingt deux solz.
Le Rider de Gheldre, à vingt & quatre solz.
Le Clemmer de Gheldre, à vingt & deux solz.
Le Florin Arnoldus, à dixhuict solz.

Le

Le Postulat de Hornes, à douze solz.
Le Postulat de Iulliers, à onze solz.
Le Daeller, à trente solz.

Deffendant & interdisant bien expressement à tous, de quelque estat, qualité ou condition qu'ilz soyent, que durãt le temps susdict, ilz ne puyssent donner, presenter, allouër ou changer aucuns deniers d'or ou d'argent, cy dessus specifiez, à plus hault pris que eualuez ne sont, par ceste presente Moderation & prouision: à peine pour ceulx quy donneront, presenteront, receuront ou allouërõt lesdictz deniers, aultrement comme dict est (s'ilz sont Officiers de Iustice ou de Recepte de nous ou de noz Vassaulx) de priuation de leurs offices & d'estre inhabiles de jamais porter office sans aucune declaration: & que incontinent, leursdictz offices seront impetrables. Oultre & pardessus, qu'ilz seront tenus payer les amendes, & tumberont és peines cy apres declarees. Et si lesdictz contreuenans ne sont officiers, soufferont pour la premiere fois, l'amende de dix Carolus, pour chacune pieche donnee, presentee, receüe ou allouee contre nostre presente Moderation, oultre la confiscatiõ desdictes pieches. Et pour la seconde fois, sur la mesme peine & amende: & pardessus icelle estre banny hors nosdictz pays perpetuellemẽt. Lesquelz deniers ainsy confisquiez (ensemble les-

lesdictes amendes) s'appliqueront, l'un tiers à nostre prouffit: l'autre tiers au prouffit du denunciateur, soit sergeāt ou autre: & le troisieme tiers, au profit de l'officier qui en fera l'executiō.

Ordonnant à tous noz Officiers & ceulx de noz Vassaulx, que d'aultant qu'ilz craindent encourir nostre indignation, ilz tiennent la main à l'entretenement, de ceste nostre presente Ordōnance & Moderation: prenant bon et soigneux regard de la faire estroictement obseruer & ensuyuir. Ordōnant aussy à tous Iuges, Escheuins & gens de Loy, qu'a la semonce de l'officier, ilz ayent promptement & sommierement à faire & administrer la Iustice, sans aulcune dissimulation: à peine que si aulcuns desdictz Iuges, Escheuins, et gens de Loy, feissent quelque difficulté de juger les amendes susdictes, contre lesdictz transgresseurs, qu'en ce cas, les mesmes amendes seront executables contre eulx: lesqueles ledict Officier sera tenu pourchasser contre lesdictz Iuges & Escheuins ou gens de Loy.

Veuillant & ordonnant en oultre, que s'il apport promptement de la transgression & contrauention, de ceste nostre presente Ordonnance & Moderation, par deux tesmoings ou aultrement deuëment, ledict Transgresseur sera tenu incon-

incontinent namptyr l'amende contenue en icelle Ordonnance, auant qu'il sera receu à se pouoir opposer. Et à icelluy namptissement sera constrainct si besoing est, reallement & de faict, nonobstant opposition ou appellation: mesmes, par apprehension de sa persone, si la matiere y est disposee.

Deffendant tresexpressement, que nulz de quelque estat, qualité ou condition qu'ilz soyet noz subjectz ou aultres frequentans en nosdictz pays pepardeça, s'auancent ou presument doresenauant, de aussy presenter, donner, receuoir, allouer, changer ou garder soubz eulx, aulcunes desdictes nouuelles pieches d'or & d'argent, desia forgees & quy se pouroyent encores forger par les Villes, Seigneurs, & Dames susdictz ou aultres. Ny semblablement aucunes aultres nouuelles monnoyes d'or & d'argent, non auctorisees, eualuees ou admises par ceste nostre presente Prouision & Moderation: toutes lesqueles auons derechef deffendu & deffendons, tant en particulier qu'en general, les declarant aussy Billon par cesd' presentes, ordonnant quelles soyent coppees & portees en nosd' Monoie.

Saulf toutesfois les Daelers, lesquelz (pour soulager noz subjectz, & aultres frequentans nosdictz pays de pardeça, & à ce qu'ilz reçoiuét

moin-

moindre dômage, par ceste prohibition) auδi
tolleré pour le terme susdict, à fin que ce pendât
ilz s'en puissent deffaire: les declarans toutesfois, apres l'expiratiõ dudict terme, pour Billõ:
Interdisant desmaintenant pour lors à tous, de
plus recepuoir, dõner ou presenter aucuns desdictz Daellers.

Et d'auantage, nous deffendons & interdi-
sons semblablement, à tous noz subiectz & autres de quelque estat, qualité ou condition qu'ilz
soyent, de ronger aucuns desdictz deniers d'or
ou d'argent, ou les lauer par eaue forte, cyment
ou aultrement, sur peine de corps & de biens, ou
confiscation s'il ha lieu. Ordonnant à vng chacun
de prêdre bon & soigneux regard, sur ceulx qui
leur vouldront dõner ou presenter telz deniers
rongez ou faulz: & les denunchent à l'Officier
pour estre pugnis comme appertient.
Ordõnant aussy à tous noz officiers & ceulx de
noz Vassaulx de s'enquerre bien diligeamment
& soigneusement, de ceulx qui rongent, ou al-
louent faulses monnoyes & aultres: en proce-
dant contre iceulx par confiscation de corps &
de biens, ou confiscation cõme dessus ha lieu.

Et pource que nous entendons, que la rehau-
che du cours & pris desdictes monnoyes, pro-
cede

et de principalement par ce que pluſieurs marchans & aultres noz ſubgectz de pardeça, cerchans leur prouffict particulier, s'auanchent d'achetter & vendre leſdictes monnoyes d'or & d'argent, en donnant & receuant ung patart demy patart, ou demy groz po' chacune pieche d'or & d'argent de gaing, oultre le pris cy deſſus declairé: voires, en donnent & reçoiuent bien ſouuét, vng quart, vng demy, ou vng pour Cét. Leſquelz achatteurs & vendeurs haulchent le plus leſdictes monnoyes: & meſmes, mettent à pris les eſtranges nouuelles mónoyes, qui cauſe la conſumation des bonnes monnoyes, & le tranſport d'icelles. Parquoy, nous deffendons auſſy, bien expreſſement & à certes, à tous de quelque eſtat, qualité ou condition qu'ilz ſoyét, d'achetter ou vendre d'oreſenauant, aucune eſpèce ou monnoye d'or ou d'argent, ou en donner aucun proufit ou gaing en la maniere ſuſdc̄ ny aultrement: à peyne de ſourfaire pour la premiere fois, dix Carolus d'or, pour chacune pieche ainſi achettée ou vendue, oultre la confiſcation d'icelle comme deſſus. Et pour la ſeconde fois ſur la meſme peine & amende, & auec ce, d'eſtre banny de noſdictz pays perpetuelement, ou aultrement à l'arbitrage du Iuge, ſelon l'exigence du cas: leſd' peines applicables cōe deſſ'.

Et en oultre, nous deffendons & interdiſons auſſy

aussy bien expressement & à certes, que nulz de quelque estat, qualité ou côdition qu'ils soyét, s'avancent ou presument d'oresenauant mener esdictes Monnoyes estrangeres, aucuns deniers d'or ou d'argent de nostre coing & forge, ou autres estans evaluez par nostre presente Moderation: ny aussy aucuns desdictz deniers rongez, fondus en masse ou lingotz, ny aultre matiere quelconque, propre à forger monnoye, de quelque sorte que ce soit, à la mesme fin : à peine de fourfaire Cent Reaulx d'or, pour chascun marq d'or & de vingt Reaulx d'or pour chacun marq d'argent, & de plus ou moins à l'aduenant, pour la premiere fois que ce aduiendroit. Et pour la seconde fois d'estre corrigé corporelement, ou aultrement arbitrairement, selon l'exigence du cas: & ce, oultre la confiscation & les peines dessus declairees. Et d'auantage, quand ores aulcuns eussent emmené lesdictz deniers en masse, espece ou lingotz, sans que lon se fusse aperceu ny sceu promptement rattaindre les Trangresseurs, ce neantmoins nous voulons, que toutes & quantesfois que le cas sera descouuert, lon procedera contre lesdictz Transgresseurs, aux mesmes peines comme s'ilz eussent esté trouuez & rattaintz au faict de la Transgression. A sçauoir, que au lieu de la confiscation, lon procedera contre eulx pour
la

la valeur de la somme qu'euft esté confifquee
& oultre ce, au double de la valeur d'icelle.
Veuillant & ordonnant auffy, que ceulx quy
auront affifté à pacquier & cacher lefdictz deniers, en maffe, efpece ou lingotz: & quy fci-
entement les chargeront & emmeneront (encores que les deniers ne fuffent à eulx) feront
chaftiez corporelement ou aultrement arbitrairement, felon la qualité des perfones.
Lefqueles peines & amendes feront departies
& appliquees, côme il s'enfuyt. A fçauoir celles, môtans jufques à la somme de cinq Mil Florins, l'un tiers à noftre proufict: l'autre tiers au
profit du denûciateur: & le trojfiefme tiers, au
proufict de l'Officier quy en fera l'execution.
Et des peines montans de cinq-mil, à la fomme
de dix-mil Florins, la moictié viendra à noftre
proufict: & lautre moictié fera departie aufdictz
Officiers & denunciateur, à fçauoir, à chafcun
d'eulx un quart. Et pour fommes excedans
dix-mil Florins, le dixieme denier viendra au
proufict de l'Officier & Denunciateur fufdict,
oultre le quart que chafcun d'eulx y doibt auoir
comme montant icelle amende de cinq-mil,
jufques à dixmil Florins côme dict eft cy deffus.

Et pour enfoncer & trouuer ceulx quy ap-
porteront & premiers receuront, és viles & lieux
de

de voſtre Gouuernance, les ſuſdictz deniers nouueaulx & autres deffenduz. Voulons & expreſſement ordonnons à tous noſdictz Officiers, qu'ilz contraindent celluy ou ceulx, és mains duquel ilz trouuerōt ſix ſepmaines apres la date de la publication de ceſtes, aucunes deſdites pieches d'or ou d'argent, entieres & non coppees comme dict eſt, de demonſtrer & verifier de quy il les aura receu: & ainſi continuant ſucceſſiuement, juſques à celluy quy ne ſçaura verifier le Bourgeois ou Inhabitant d'icelle ville & lieu de quy il les aura eu. Lequel voulōs (oultre les peynes deſſuſdictes) eſtre corrigé arbitrairement, comme ſelon la qualité du meſuz ſe trouuera conuenir. Meſmes leſdictes pieches d'or ou d'argent ainſi trouuees, eſtre incontinēt & nonobſtant oppoſition, prinſes & ſaiſies, & eſtre gardees par l'officier qui en fera l'execution comme en ſequeſtre, juſques qu'en jugement parties oyes, aultrement en ſera ordonné. Accordant que celluy ou ceulx quy auront ainſi demonſtré & verifié de quy ilz auront receu leſdictes pieches, ſoyent quictes & deſchargez des deux tiers des peines, amendes & fourfaictures deſſuſdictes.

Et à fin, que de ceſte noſtre preſente Ordonnance, Deffence & inhibition, nul ne puyſſe pre-

pretendre ignorance, nous vous mandons & commandons bien expressement & à certes, que incontinent & sans delay, la faictes publier par toutes les villes & lieux de vostre Gouuernance, ou lon est accoustumé faire cris & publications. En faisant aussy le contenu d'icelles publier és Carrefours de chascune ville, à fin que le commun peuple en puysse tant mieulx estre aduerty.

Et à l'entretenement d'icelle, procedez & faictes proceder, contre les Transgresseurs & desobeyssans, par l'execution des peines dessus declairees, sans aulcune grace, faueur, dissimulation ou deport: nonobstant opposition ou appellation faicte ou à faire, ny aussy quelzconques Priuileges, Ordonnances, Statutz, Coustumes ou usances à ce contraires, lesquelles ne voulons ny entendons au cas present, debuoir auoir lieu : ains y auons de nostre certaine science, auctorité & puyssance absolute derogué & deroguons par cesdictes presentes. Ordonnant à tous noz Officiers & ceulx de noz Vassaulx, de prendre bon & soigneux regard, chascun és limites de son Office, sur les Transgresseurs & infracteurs de ceste nostre presente Ordonnance, Deffence & inhibition: & la faire estroictement entretenir, obseruer, & ensuyuir, à peine de s'en prendre à eulx.

B D'ain-

D'ainsy le faire & quy en depend, vous donnons & aux Officiers susdictz, chacun en son regard, plein pouoir, auctorité & mandement especial: mandons & commandons à tous, que à vous & eulx faisant ce que dict est, ilz obeyssent & entendent diligeamment: Car ainsy nous plaist-il.

Donné en nostre Ville de Bruxelles, soubz nostre contreseel cy mis en Placcart, le vingt & quatriesme jour d'Octobre, quinze-cens Cinquante & neuf. *Ainsy soubscrit:* Par le Roy en son Conseil. *Et soubsigné:* D'Ouerloope.

Lesqueles lettres estoyent seellees d'un Steel de chiere vermeil, appliquee ausdictes lettres en forme de Placcart. Et sur le dors desqueles lettres estoit escrit ce que s'ensuyt. Le quatriesme de Nouembre, quinze-cens Cinquante & neuf, cestes furent publiees à son de trompe, à la Bretesque & ès Carrefours de ladicte Ville de Lille, en la presence & par le comandement de Denis de le Cambe, dict Gantois, Escuyer, Seigneur de la haye, Lieutenant de Monsieur le Gouuerneur de Lille. Moy present, ainsi signé: I. Parmentier

✳ SOMMAIRE ET
contenu des deux Priuileges.

HILIPPE par la grace de Dieu, Roy de Castille, de Leõ, d'Arragon, d'Angleterre, &c. Archiduc d'Austrice. Duc de Bourgoingne, de Lothier, de Braband, &c. Comte de Flandres. &c A toutz quy ces presentes verront, salut.

Receu auons l'humble supplication & requeste, de nostre bien amé Henry van den Keere, Libraire & Imprimeur juré, demourant en nostre ville de Gand contenant comme luy ayant à groz fraiz & despens recouuert & achetté, les formes, figures & patrons de plusieurs especes d'or & d'argent de diuers coings: ensemble aultres vtensiles & instrumens, dont feu Maistre Iosse Lambert (en son viuant Imprimeur) souloit seruir les Generaulx de nostre Monnoye de pardeça, à imprimer les Ordonnances, permissions, Moderations ou Eualuations sur le faict des Monnoyes, quand ilz occurroyent. Il desireroit pareillement seruir d'Imprimeur en ladicte Monnoye, pour par

se

ce moyen se pouoir rembourser desdictz fraiz, si nostre plaisir estoit luy en octroyer le Priuilege á ce seruant: treshumblement le nous requerrant.

SCAVOIR FAISONS, que nous ce que dessus consideré, & heu l'aduis des Generaulx de nostredicte Monnoye, sur l'ydonité & experience dudict Henry van den Keere Suppliant: à icelluy (inclinans à sadicte supplication & requeste) auons octroyé, consenty & permis: octroyons, consentons & permettons en luy donnant pouoir & auctorité par ces presentes, que d'oresenauant il puyst & poura (luy seul, & auec seclusion de tous aultres) imprimer les affaires concernans nostredicte Monnoye: sicomme Eualuations, Permissions, Tollerances & Moderations, Liuretz & Cartes des deniers d'or & d'argent eualuez & non eualuez, auec leur poidz, pris & valeur: & icelles Valuations & Ordonnances vendre & faire vendre, en & par toutz nosdictz pays de pardeça. Pourueu touteffois, qu'il n'imprimera riens, que preallablement il ne soit esté visité & corrigé, par lesdictz Generaulx de noz Monnoyes.

Interdisant & deffendant à tous aultres Imprimeurs & Libraires, d'eulx mesler à imprimer aucune chose concernant nostredicte Monnoye, à peine d'en estre corrigé arbitrairement.

Sy donnons en Mandement à noz treschers & feaulx, les Chefs, President & gens de noz Priué

& grand Consaulx. Chancellier & gens de nostre Conseil en Braband, President & gens de nostre Chambre de Conseil en Flandres, Mayeur de Louuain, Amptman de Bruxelles, Escoutette d'Anuers & de Boisleduc, & à tous aultres noz Iustixiers, Officiers & ceulx de noz Vassaulx & Subgectz de nosdictz pays de pardeça, quy ce regardera, que de nostre presente Grace, Priuilege & Congé, selon & par la maniere que dict est, ilz facent seuffrent & laissent ledict Suppliant, pleinement & paisiblement ioyr & vser, cessans tous contredictz & empeschemens à ce cõtraires: Car ainsy nous plaist-il. En tesmoing de ce, nous auõs faict mettre nostre grand Seel à cesdictes presentes.

Donné en nostre Ville de Bruxelles, au Conseil Priué, le penultieme d'Apuril. (Et en la Chancellerie de Braband) le vingt deuxiesme jour de May, l'an mil cinq-cens cinquante & sept. De noz regnes des Espaingnes, Secille & ce. le second. Et d'Angleterre, France & Naples le quatriesme. Sur le ploy estoit escrit: Par le Roy en son Cõseil. Et soubsigné l'un: Baue. l'aultre: P. DE LENS.

Printed by Libri Plureos GmbH in Hamburg, Germany